Maquiavel

Coleção **PASSO-A-PASSO**

CIÊNCIAS SOCIAIS PASSO-A-PASSO
Direção: Celso Castro

FILOSOFIA PASSO-A-PASSO
Direção: Denis L. Rosenfield

PSICANÁLISE PASSO-A-PASSO
Direção: Marco Antonio Coutinho Jorge

Ver lista de títulos no final do volume

Newton Bignotto

Maquiavel

ZAHAR

Capa
Sérgio Campante

CIP-Brasil. Catalogação na fonte
Sindicato Nacional dos Editores de Livros, RJ

B492m Bignotto, Newton
Maquiavel / Newton Bignotto. — 1ª ed. — Rio de Janeiro: Zahar, 2003.
(Passo-a-passo; 29)

Inclui bibliografia
ISBN 978-85-7110-743-4

1. Macchiavelli, Niccolo, 1469-1527. 2. Ciência política. 3. Ética política. I. Título. II. Série.

CDD: 320
03-1762 CDU: 32

EDITORA SCHWARCZ S.A.
Praça Floriano, 19, sala 3001 — Cinelândia
20031-050 — Rio de Janeiro — RJ
Telefone: (21) 3993-7510
www.companhiadasletras.com.br
www.blogdacompanhia.com.br
facebook.com/editorazahar
instagram.com/editorazahar
twitter.com/editorazahar

FSC
www.fsc.org
MISTO
Apoiando o manejo florestal responsável
FSC® C128038

A marca FSC® é a garantia de que a madeira utilizada na fabricação do papel deste livro provém de florestas que foram gerenciadas de maneira ambientalmente correta, socialmente justa e economicamente viável, além de outras fontes de origem controlada.

Esta obra foi composta por TopTextos Edições Gráficas em Minion e Frutiger e impressa em processo sob demanda pela Um Livro sobre papel offset para a Editora Schwarcz a partir de 2024

Sumário

Introdução

No ano em que nasceu Maquiavel, 1469, Florença vivia um período agitado. Embora ainda fosse formalmente uma república, a cidade era de fato administrada pela família dos Médici, que desde 1434 assumira o controle das principais magistraturas e conseguira estabelecer com outros membros da aristocracia local um sistema de rodízio nos cargos, o que acabava por conceder o poder aos que se associavam à família dominante. Cosimo, que iniciara esse predomínio no poder, faleceu em 1464, deixando como herdeiro seu filho Piero. Devido à saúde frágil, este pouco pôde fazer pela cidade e para assegurar seu domínio sobre as outras famílias.

Ao longo do século XV, Florença sofrera uma perda real de seu antigo vigor comercial e financeiro. Muitas casas bancárias se transferiram para outras praças, em especial Lion, na França, corroendo o que por muito tempo fora o nervo do poderio da cidade e sua arma mais eficaz para lidar com as cidades italianas concorrentes e com o papado. Isso tornava o governo muito mais difícil do que quando ainda era possível recorrer com freqüência aos impostos para resolver tanto problemas internos quanto aqueles derivados das freqüentes guerras nas quais a cidade se envolvia. O filho de Cosimo não se mostrou um homem à altura do desafio político, mas foi capaz de dar continuidade ao movimento de apoio às artes e às letras, que seria a marca da família dos Médici. Desde o século anterior Florença se consolidara como um dos pólos principais de renovação em quase todos os campos do saber e esse perfil não mudou na segunda metade do século XV, quando o movimento humanista, marca registrada dos letrados florentinos e de muitos homens políticos, ganhou um novo influxo com a tradução integral das obras de Platão por Marsílio Ficino (um intelectual extremamente ligado à família mais importante da cidade).

Com a morte de Piero, os Médici contavam em 1469 com apenas dois herdeiros ainda muito jovens e pouco experientes nas coisas da política: Lourenço e Juliano. Embora os dois tenham demonstrado desde o início um grande apetite pelo poder e mesmo a capacidade de exercê-lo, algumas famílias tradicionais da cidade sentiram que o peso da mão de Lourenço era exagerado e passaram a imaginar que Florença podia perfeitamente viver sem os dois. Assim, em 1478, os chefes de uma poderosa família, os Pazzi, decidiram que era tempo de retirar os Médici da cena pública e prepararam-se para matá-los enquanto assistiam à missa na Igreja de Santa Reparata. A conspiração funcionou apenas em parte, pois Lourenço conseguiu escapar e comandou uma reação furiosa, que terminou com a morte ou com a fuga de todos os envolvidos.

Não sabemos qual tenha sido a percepção do então menino Maquiavel sobre os acontecimentos, mas é certo que o comoveram, como provavelmente a todos os que acompanharam o destino dos conspiradores. Isso serviu para conformar o ambiente no qual nosso autor cresceria. Mesmo sem a força financeira do passado, Florença continuava rica e os jovens aristocratas aproveitaram da relativa paz que a Itália viveu durante o período de domínio de Lourenço, chamado de O Magnífico, para fazer de sua cidade um pólo de desenvolvimento artístico e cultural, mas também um lugar para uma vida luxuosa e cheia de vícios.

Maquiavel não pertencia à aristocracia florentina, embora sua família estivesse entre as mais antigas da cidade. Seu pai Bernardo era "doutor em leis", mas não conseguiu amealhar fortuna como muitos de sua condição. Tendo vivido sempre de maneira modesta e mesmo com dificuldades, ele transmitiu ao filho o grande amor pelos livros e pelas coisas do passado. Na casa de Maquiavel o grande luxo eram os volumes de Tito Lívio, historiador romano que era uma referência obrigatória para todos os jovens que se iniciavam no movimento humanista que imperava no período. Mesmo não recebendo a educação dos que pertenciam à classe dominante na cidade, nosso autor pôde contar com a ajuda de um preceptor e começar ainda menino a leitura dos clássicos latinos e o estudo das outras disciplinas das humanidades que o acompanhariam durante toda sua existência.

A segunda experiência histórica que marcaria a vida de Maquiavel aconteceu em 1494. Com a invasão da Itália pelo rei Carlos VIII, da França, Florença mais uma vez se viu ameaçada. Dessa vez as coisas pareciam bem mais sérias.

Acostumada a resolver seus problemas com a força do dinheiro, ou com a contratação de exércitos mercenários, a cidade se deu conta de que não teria como deter um verdadeiro exército desejoso de conquistar territórios ou obter grandes ganhos. Mais uma vez o membro da família Médici, Piero, que sucedera a Lourenço o Magnífico à frente do governo da cidade, não se mostrou à altura dos acontecimentos. Com a aproximação das tropas francesas e com medo de seus concidadãos, que o consideraram "rebelde", ele simplesmente abandonou Florença, deixando-a à mercê dos soldados ávidos por saques e pilhagem.

Dentre os negociadores que ajudaram a salvar Florença, encontrava-se um frade, que já há algum tempo vinha fazendo previsões sobre o futuro da cidade: Jerônimo Savonarola. Orador brilhante e homem de costumes austeros, ele havia arrebanhado um grande número de seguidores, sobretudo depois que previra a vinda dos franceses. Com a queda de Piero, o profeta se transformou na principal peça de um regime republicano, que pretendia varrer para sempre os males provocados pelo longo domínio dos Médici. Suas idéias misturavam críticas republicanas à tirania com visões milenaristas segundo as quais Florença estava destinada a ser uma nova Jerusalém. Durante os anos em que foi a figura mais influente da cidade, Savonarola guiou do púlpito os caminhos dos que se ocupavam dos negócios políticos de Florença. Ao misturar política e religião, ele se transformaria num dos exemplos favoritos de Maquiavel, que mais tarde iria estudar o problema dos "profetas" que, sem armas, querem comandar os destinos dos homens.

O frade impressionou o então jovem florentino, não tanto por sua capacidade de organizar a vida política, mas por ter persuadido muitos homens cultos e acostumados com uma vida de prazeres de que ele tinha uma relação privilegiada com Deus. Nessa época, Maquiavel já freqüentava os círculos políticos florentinos e confidenciou ironicamente a um amigo que vivia em Roma que era admirável como o pregador fazia para convencer os homens com "mentiras que vinha colorindo". Estando entre os poucos que não se sentiram fascinados com a oratória poderosa do frade, ele se dedicaria mais tarde a dar consistência teórica às intuições que teve quando ainda jovem de que um governo como o de Savonarola não podia durar.

O secretário florentino

A ruína do frade e sua morte na fogueira em 1498, depois de uma longa disputa com o papado e parte da aristocracia de Florença, marcaram o fim de uma experiência extraordinária na história do Renascimento italiano e o ingresso de Maquiavel na vida pública. Com o governo republicano recomposto sobre novas bases, a vida da cidade retomou seu curso e muitos de seus velhos problemas. Nosso autor seria parte ativa das turbulências que continuaram a ser a marca de sua terra natal.

Durante o tempo em que serviu à república na condição de segundo secretário, Maquiavel viveu seus anos mais felizes e realizou o aprendizado das coisas da política, que iriam marcá-lo para o resto de sua vida. Nesse período que vai até 1512, quando os Médici mais uma vez voltaram a dominar a cidade, Maquiavel não escreveu nenhuma de suas grandes obras, mas refinou seu estilo e tomou contato com realidades que serviriam de matéria para suas reflexões nos anos mais difíceis.

Na condição de segundo secretário, ele era obrigado a viajar bastante e a visitar personagens importantes. Suas cartas e relatos eram muito apreciados em Florença e já revelavam as marcas do grande escritor no qual se transformaria depois de se ver forçado a abandonar seu emprego na chancelaria. Dentre os muitos que foram conservados, dois valem a pena mencionar: *Do modo de tratar os povos do vale do Chiana rebelados* e *Descrição do modo de que se serviu o duque Valentino para matar Vitellozzo Vitelli, Oliverotto da Fermo e o duque de Gravina Orsini*. Ambos foram escritos destinados aos governantes de Florença, redigidos para ajudar os membros das magistraturas, que lidavam com as relações exteriores, a tomar decisões corretas. O que transparece, no entanto, é o gênio de um comentador capaz de ir muito além das tarefas que lhe eram confiadas.

No *Do modo de tratar os povos do vale do Chiana rebelados*, Maquiavel lança mão de um procedimento que será a marca de suas obras teóricas posteriores: o uso da história como guia para suas reflexões sobre o presente. O problema que ele se propõe a tratar é aquele das pequenas cidades e territórios dominados por Florença e que freqüentemente se rebelavam, provocando tumulto na cidade e mesmo colocando em risco a segurança da pátria. Isso se devia à grande tentação de se aliar com outras cidades, ou mesmo com invasores estrangeiros, como os suíços ou até os franceses, para conseguir sua liberdade de volta. No lugar de comentar diretamente a situação, ele começa lembrando o exemplo de Lúcio Fúrio Camilo, que, depois de ter derrotado os povos do Lácio, dirigiu-se ao senado romano instando-o a tomar uma rápida decisão com relação a povos que, tendo sido derrotados na guerra, estavam "suspensos entre a esperança e o medo".

Do exemplo romano Maquiavel deduz que existem duas vias básicas para tratar povos conquistados: ou destruí-los completamente, de tal forma que não possam mais fazer mal ao conquistador; ou incorporá-los à nova pátria, tratando-os com suavidade e amizade. Ao abordar o caso das populações do vale do Chiana e aquele de Arezzo, nosso autor parte de um pressuposto: os homens repetem suas paixões e sua forma de agir ao longo dos tempos e, por isso, podemos nos servir da história para tomar decisões no presente. O problema, para ele, era que os florentinos tinham à mão essa arma, mas preferiram seguir um caminho pouco seguro. Assim, numa situação em que era possível escolher de forma adequada, o que se viu foi que os habitantes de Arezzo foram infiéis aos florentinos sempre que puderam, e se constituíram em um perigo para a cidade quando foi ameaçada por forças estrangeiras. Tivessem sido destruídos ou honrados, não teriam se transformado numa eterna fonte de problemas.

Recorrer ao passado não era para Maquiavel uma maneira de se tornar mais culto ou erudito, mas uma forma de aprender com o exemplo dos que já haviam enfrentado o mesmo problema. O esteio de tal procedimento era a confiança de que a natureza humana é repetitiva e, portanto, pode ser analisada em qualquer tempo com as mesmas ferramentas teóricas.

Na *Descrição do modo de que se serviu o duque Valentino para matar Vitellozzo Vitelli, Oliverotto da Fermo e o duque de Gravina Orsini*, Maquiavel traça o retrato daquele que será um personagem importante de suas obras posteriores: César Bórgia. Filho do papa Alexandre VI, que o fez duque e governador da Romanha, ele se notabilizou por sua capacidade para conquistar cidades como Ímola, Forlì, Cesena e tantas outras, e pela maneira como conduzia seus movimentos políticos. Destinado à carreira eclesiástica, acabaria renunciando a seus títulos em 1498 para se transformar no principal conselheiro do pai à frente dos negócios da Igreja. Sua tarefa fundamental foi a de reconstituir o Estado papal e assegurar a estabilidade da região central da Itália.

Maquiavel conheceu o Duque no começo do século XVI, quando foi designado para acompanhar seus movimentos e convencê-lo a não voltar seus exércitos contra Florença. Nos relatos existentes, nosso autor descreve o medo que ele provocava em seus interlocutores, a capacidade de esconder suas intenções e a imprevisibilidade de suas ações, que o transformavam num homem temível. O texto mencionado expõe justamente as artimanhas que o Duque usou para matar vários dos antigos aliados, que em 1502 resolveram se rebelar contra seu domínio. César Bórgia, relata-nos Maquiavel, teve de enfrentar a revolta de várias cidades que havia dominado, exatamente porque seu poder parecia excessivo, mesmo para os pequenos tiranos que ele empregava para exercer seu mando pessoal sobre boa parte da Romanha.

No começo da revolta o Duque foi derrotado em várias batalhas e se viu praticamente sem armamentos, enquanto seus opositores continuavam a conquistar espaço e a receber adesões. Segundo Maquiavel, "isto fez com que o Duque procurasse remediar a situação com acordos. E sendo grande simulador, não deixou de, por todas as maneiras, fazer com que acreditassem que desejava que fosse deles o que haviam conquistado pelas armas." Seus inimigos acreditaram de tal forma em suas palavras que acabaram atraídos para Sinigaglia, uma pequena cidade que havia se rendido a ele, mas que se recusava a entregar sua fortaleza. Lá reunidos, acabaram sendo feitos prisioneiros e mortos em seguida.

Nosso autor conservou desses acontecimentos a mais clara lembrança. Vendo o Duque em ação, começou a pensar as coisas da política de um ponto de vista bastante diferente daquele de seus contemporâneos. Quando escrevia para os magistrados de sua cidade, Maquiavel sabia que estava considerando os acontecimentos de um ângulo que não era tradicional. Ao elogiar, por exemplo, a habilidade com a qual César Bórgia havia se livrado de seus inimigos, ele incorria no perigo de se transformar em um defensor da prática de crueldades, que inclusive ameaçavam se voltar contra Florença. O que ele percebia, no entanto, era não que a crueldade fosse boa em si mesma, mas que a simples condenação dos atos dos governantes não ajudava nem a compreendê-los, nem a evitar seus efeitos.

A vida solitária: o nascimento de *O Príncipe*

A oportunidade para que nosso autor viesse a olhar seu tempo com novos olhos e expor suas idéias surgiu por meio de uma derrota política e de uma derrocada pessoal. Funcionário da república desde a queda de Savonarola, Maquiavel havia sido, nos anos que antecederam a queda do regime republicano em 1512, um dos conselheiros favoritos de Piero Soderini, o *gonfaloniere*, uma espécie de magistrado perpétuo, que ocupava um lugar central na complexa malha do poder em Florença. Preocupado com a situação da Itália e com a presença de tropas estrangeiras, que desequilibravam o já confuso jogo de poder, Maquiavel havia idealizado e posto em prática um sistema de defesa que utilizava soldados recrutados na própria cidade, em especial nos condados rurais. Tal exército deveria servir para proteger Florença em caso de ataque estrangeiro, livrando-a do eterno perigo dos mercenários, que nos momentos mais difíceis acabavam por colocar em risco a vida dos cidadãos no lugar de defendê-los.

Em 1512, o exército de cidadãos não foi suficiente para conter as tropas espanholas, melhor armadas e adestradas. Maquiavel, profundamente comprometido com o governo republicano, seria considerado suspeito pelos novos governantes próximos da família dos Médici e jogado na prisão, onde seria torturado, acusado de tramar contra os recém-chegados ao poder. Começa então a fase da vida que o afastaria da cena política para transformá-lo num dos maiores escritores políticos da modernidade. Essa mudança foi, no entanto, uma fonte de grande sofrimento para ele. Quando saiu do cárcere em 1513, beneficiado por uma anistia, Maquiavel era um homem pobre e amargurado. Restou-lhe recolher-se a uma pequena propriedade rural que possuía em San Casciano, da qual deveria retirar o sustento para sua família.

Foi nesse contexto de desgraça pessoal que nosso autor escreveu seu livro mais famoso: *O Príncipe*. Na tentativa de mostrar que possuía conhecimentos úteis para todos os que se interessavam por política, ele escolheu a forma bastante conhecida dos *espelhos dos príncipes* para apresentar seu trabalho. Desde o final da Idade Média era comum dirigir-se aos governantes oferecendo-lhes conselhos, que supostamente serviriam para que alcançassem o sucesso em suas empreitadas. Os livros de aconselhamento insistiam sobre o fato de que o bom governo nasce da prática das virtudes cristãs em todas as circunstâncias. Assim, o bom príncipe era aquele que se mirava no espelho e aprendia a se guiar pelo conjunto de virtudes consagradas pela tradição de literatura moral. Num outro sentido, os manuais serviam também como um espelho através do qual os príncipes aprendiam mais sobre sua própria natureza e dessa maneira, tornando-se pessoas melhores, capacitavam-se para exercer o poder segundo a ética e a religião.

Ao escolher imitar os espelhos dos príncipes, Maquiavel buscava captar a benevolência dos novos governantes, acreditando assim demonstrar a utilidade de alguém como ele, que conhecia as coisas da política à custa de muitos anos de dedicação às tarefas públicas e à atenta observação da natureza dos homens. Apesar do "invólucro" tradicional, o livro não tem nada dos antigos manuais. Se muitas vezes outros autores haviam procurado influenciar o comportamento dos príncipes, o caminho seguido por nosso autor demonstrava a tese inversa.

O primeiro dos grandes temas abordados por Maquiavel é o do "príncipe novo". Acostumado com a grande mutabilidade da política italiana, ele se põe a estudar qual deve ser o comportamento de um príncipe que ocupa um novo território, o que, segundo ele, é algo muito comum na política, uma vez que "é uma coisa natural e ordinária o desejo de conquistar". No entanto, o simples fato de se ganhar uma guerra não produz a estabilidade necessária para se gozar dos benefícios de uma conquista e, por isso, é necessário conhecer o funcionamento do poder em suas várias circunstâncias para se obter sucesso. O príncipe que acabou de se sair vitorioso numa batalha não pode simplesmente confiar na força de suas armas, pois uma coisa é derrotar um exército, e administrar uma cidade é outra, muito diferente. Maquiavel vai assim traçando um retrato variado das situações que podem ser encontradas pelos príncipes e a melhor forma de enfrentá-las. Para realizar sua tarefa, ele toma como ponto de partida duas proposições de conteúdo diferente.

Em primeiro lugar, Maquiavel possui total confiança no fato de que as coisas humanas se repetem e, por isso, o estudo tanto do passado quanto dos exemplos próximos de nós é um instrumento poderoso para os que exercem o poder, ou desejam conquistá-lo. Logo na introdução da segunda parte de um de seus livros mais importantes, *Discursos sobre a primeira década de Tito Lívio*, ele afirma: "Refletindo sobre o funcionamento das coisas humanas, estimo que o mundo se sustenta no mesmo estado em que sempre esteve em todos os tempos." O caminho a ser seguido é, pois, o da imitação. Usar o passado como guia é para Maquiavel a melhor maneira de evitar os erros que com muita freqüência arruinam os homens poderosos. No entanto, observa nosso autor, essa regra é raramente seguida, "como se o céu, o sol, os elementos e os homens tivessem mudado de ordem, de movimento e de potência, e fossem diferentes do que foram no passado". O que torna a imitação possível e eficaz no terreno da política é o fato de que possuímos uma natureza que conserva seus traços principais ao longo dos séculos. Mas essa afirmação, longe de garantir ser uma coisa fácil agir no mundo político, esbarra no comportamento errático da maioria dos governantes, que prefere se fiar em seu próprio julgamento a aprender com o passado.

O segundo argumento de que se serve Maquiavel para fundamentar suas análises, e que complementa o primeiro, é o de que a natureza humana se mantém ao longo do tempo, mas é má. Contrariamente a certos autores medievais e a muitos pensadores de sua época, que viam no homem um ser voltado para a procura do bem, ele repete em vários momentos de sua obra: "Dos homens, com efeito, pode-se dizer em geral o seguinte: que eles são ingratos, volúveis, simuladores e dissimuladores, inimigos dos perigos e ávidos de ganho...". Com isso ele alertava aos atores políticos que agir na pressuposição de que se pode contar com a bondade alheia é expor-se ao perigo e à ruína.

Maquiavel não quer dizer que todos os homens sejam ruins e ajam sempre com maldade. Se fosse dessa forma não seria possível conviver em sociedade e acabaríamos entrando numa guerra "de todos contra todos" como temia Hobbes, outro grande pensador político do início da modernidade. O que nos ensina o secretário florentino é que não podemos agir na suposição de que os homens corresponderão às nossas expectativas e, por isso, devemos sempre estar precavidos contra a manifestação de sua natureza má. No jogo das forças políticas, isso corresponde a tomar com sinal negativo uma de suas variáveis, em qualquer situação, e assim evitar o engano que pode surgir de um erro de avaliação. Essa maneira de considerar o problema, longe de torná-lo sem solução, ajuda-nos a simplificá-lo ao ensinar-nos a deixar de lado a busca por sentimentos, que nem sempre podem ser descobertos.

Ao estudar a figura do "príncipe novo", Maquiavel escolheu o exemplo de um governante que foi mestre na arte de dissimulação de seus pensamentos e de sua natureza mais íntima: César Bórgia. Logo no início de *O Príncipe*, ele já havia mostrado que os objetos mais interessantes para o estudioso da política são os principados novos, os que não podem se beneficiar dos costumes ou da tradição para se manterem. Em outras palavras, Maquiavel fez da ação política dos governantes que estão correndo risco para inovar seu objeto privilegiado. Inovar significa para ele quebrar regras e tradições e inaugurar um novo reino de relações entre os homens. Ao abandonar o caminho do costume e da tradição, o governante abre uma verdadeira caixa de Pandora, da qual saem todos os perigos, que exigem a máxima capacidade daquele que começou a operação para dominar os processos imprevisíveis que passam a compor a cena política.

Para chegar, no sétimo capítulo, ao estudo de seu personagem favorito, nosso autor faz o percurso que vai do ator melhor protegido contra as intempéries da política ao que deve enfrentar um mundo totalmente carente de referências fixas. Ao longo desse caminho, ele mostra, por exemplo, que aquele que chega ao poder pelas mãos dos outros, ou por pura sorte, enfrenta as maiores dificuldades para conservá-lo. Além disso, o simples fato de ser capaz de persuadir os povos de alguma coisa não garante que eles o seguirão sempre. Refletindo sobre a história de Savonarola, Maquiavel reconhece seu mérito por ter formado um novo poder em Florença, mas denuncia sua fraqueza por ter sido "um profeta desarmado". Segundo nosso autor, a capacidade de persuadir faz parte das habilidades requeridas para os que desejam inovar, mas é preciso força para manter o que for conquistado. Aqueles que apenas convencem os homens a seguir um novo caminho quase sempre são derrotados em seguida, pois "a natureza dos povos é mutável, e é fácil persuadi-los de uma coisa, mas difícil mantê-los convencidos".

César Bórgia seria um exemplo de homem político sagaz exatamente porque ocupou o poder numa situação que, sendo-lhe favorável no início, tendia a tornar-se complicada depois. Como assinalamos, o Duque era filho do papa Alexandre VI e obteve seus primeiros domínios em função do desejo de poder de seu pai. Interessado em alargar seu poder pessoal estendendo suas posses à custa de pequenas cidades do centro da Itália, o papa imaginou que não havia meio melhor do que colocar seu filho no centro de seu projeto de expansão. Uma vez instalado no governo da Romanha, o Duque teve de enfrentar todos os desafios possíveis e, para Maquiavel, saiu-se bem em quase todos, a ponto de ser elogiado como "um modelo para todos os que pela sorte ou pela força dos outros chegou ao poder". No entanto, sua grande habilidade para lidar com situações extremas não pôde tirá-lo do aperto em que se viu quando da morte de seu pai. Doente no momento inoportuno, foi derrubado pelas mesmas forças que o haviam transformado em um homem poderoso. O exemplo do Duque não era o de um ser acima das potencialidades humanas, mas o de alguém que soube aproveitar a ocasião que lhe foi oferecida pela sorte para galgar os degraus do poder que se apresentaram para ele. Mesmo assim foi tragado pela força da contingência. Para Maquiavel, o Duque cometeu apenas um erro, que lhe foi fatal.

Poderíamos acreditar, seguindo os capítulos do *Príncipe*, que o infortúnio de seu herói se deveu ao fato de ter ele chegado aonde chegou pelas mãos do acaso. O fato, no entanto, é que para Maquiavel não existe poder que possa durar para sempre. As coisas humanas resistem apenas o tempo que lhes é possível, sendo em seguida corrompidas pelo efeito de sua própria natureza, pois como diz no primeiro capítulo da terceira parte de seus *Discursos:* "Nada é mais constante do que essa verdade: tudo o que existe no mundo tem limites em sua duração." Os governantes que herdam o poder já legitimado por uma longa prática, e que têm a ilusão de que nunca serão destituídos, são muitas vezes derrotados exatamente porque não se prepararam para situações difíceis, confiando na estabilidade das coisas humanas. Em sua obra, Maquiavel prefere sempre os exemplos dos que enfrentam as dificuldades do mundo, mesmo que saiam derrotados no final.

A *fortuna* e a *virtù*

O fato de César Bórgia ter sido usado por Maquiavel como modelo de "príncipe novo" contribuiu em muito para criar a má fama do escritor depois de sua morte. Afinal não era todo dia que um autor de teoria política recorria a um personagem cruel e ambíguo como exemplo a ser seguido por todos aqueles que desejavam o sucesso na vida política. O padrão vigente na época era o do príncipe bom e caridoso, capaz de agir eticamente e de, por isso, alcançar a conservação de seus domínios da forma mais suave possível.

Ora, o secretário florentino nunca disse que esse fosse um modelo impossível de ser atingido. Percorrendo os vários caminhos para a manutenção do poder, ele mostra, entretanto, que isso só é possível em ocasiões especiais e não como regra geral, como sugeriam os manuais de política. Ao contrário, os casos verdadeiramente difíceis, e que mais ensinam aos que querem compreender como funciona a vida política, são aqueles nos quais o governante se vê envolto em uma situação complexa e na qual não pode lançar mão da tradição para resolver os problemas. Esse fora o caso do Duque. Guindado ao poder pelas mãos da *fortuna*, teve de contar apenas com sua *virtù*, para se manter.

Fortuna e *virtù*, esses foram os termos empregados por Maquiavel para interpretar os dois pólos em torno dos quais giram o sucesso e o insucesso das ações humanas. Ao longo de toda sua obra eles se repetem, sugerindo que devemos sempre estar atentos a seu aparecimento e a seu significado para a compreensão do acontecimento que estamos analisando.

A *virtú*, que ele evita traduzir para o italiano, para não confundi-la com as virtudes cristãs, diz respeito à capacidade do ator político de agir de maneira adequada no momento adequado. Essa maneira de apresentar o conceito pode aproximá-lo perigosamente de um outro freqüentemente usado pelos autores da Antigüidade — o de prudência. Também nesse caso estamos diante da capacidade do ator político de agir em conformidade com a situação, sem que para isso tenha-se de recorrer a um saber de cunho estritamente teórico. A prudência, no entanto, para ficar com seu sentido mais próximo do significado que lhe atribui Aristóteles, deve ser entendida no contexto de uma ética que coloca como finalidade última de todas as ações a busca da felicidade. A *virtú* maquiaveliana não possui os mesmos objetivos. Mais modestamente, nosso autor exige a habilidade de seus atores apenas para ganhar e conservar o poder, mas não atribui a isso nenhuma finalidade que transcenda à própria busca de uma posição de mando na sociedade.

Essa forma de abordar o problema da ação política serviu para que se atribuísse a Maquiavel um cinismo e uma virulência que ele nunca teve. A *virtú* definida à distância das virtudes cristãs ou da prudência aristotélica não fundamentava uma leitura da política com uma busca de fins independentes dos meios. Aliás, ele nunca disse que os fins justificam os meios. Na verdade o que ele pretendia era mostrar que a política constitui uma esfera da existência humana que, estando relacionada com várias outras, não pode ser confundida nem com a ética nem com a religião. Sua autonomia não é nunca absoluta, como também não é a ética uma esfera totalmente independente de outras dimensões da existência humana, mas não pode ser desprezada se não quisermos partir à procura de quimeras, para terminar encontrando a catástrofe de tantos atores, que se afundaram em crueldades em seu caminho para um "mundo melhor".

Na verdade, o conceito de *virtú* em Maquiavel lembra mais as limitações dos homens em sua busca pelo poder do que seu inteiro domínio dos meios para alcançar fins determinados previamente. No capítulo IX da terceira parte de seu *Discursos*, ele observa que "o sucesso ou o insucesso dos homens depende da maneira como acomodam suas condutas aos tempos". Essa máxima, que poderia nos sugerir uma definição geral da *virtù* como a capacidade de adequação aos tempos, esbarra, no entanto, em uma outra máxima relativa à condição humana que afirma que raramente somos capazes de mudar um comportamento que foi bem-sucedido em uma dada ocasião. Dessa forma a *virtù* é uma capacidade que encontra seus limites tanto no ator, que insiste em repetir seus atos quando eles não são mais eficazes, quanto no mundo, que em sua eterna mutabilidade faz com que não possamos nos fixar em apenas uma maneira de agir.

O outro pólo da concepção maquiaveliana da ação política é a idéia de *fortuna*. Herdada dos romanos, a deusa da roda se apresenta como aquela que retira dos homens tudo aquilo que conquistaram, quando decide mudar o curso das coisas sem aviso prévio. No penúltimo capítulo de *O Príncipe* Maquiavel propõe uma imagem ousada e provocativa dessa força adversa: "Estou convencido de que é melhor ser impetuoso do que circunspecto, porque a *fortuna* é mulher e, para dominá-la, é preciso bater-lhe e contrariá-la. E é geralmente reconhecido que ela se deixa mais facilmente dominar por estes do que por aqueles que procedem friamente."

A *fortuna* aparece sempre como uma força que não pode ser inteiramente dominada pelos homens. Num mundo sujeito a movimentos constantes, ela representa o elemento de imponderabilidade das coisas humanas. Os homens amam repetir seus comportamentos e se agarram à sua forma de agir, quando ela os conduz ao sucesso, mas têm muita dificuldade em reconhecer que nem toda a habilidade de um grande comandante militar ou de um príncipe é capaz de dominar todas as possibilidades contidas na história. O que Maquiavel afirma, portanto, é que, embora a natureza humana seja repetitiva e que valha a pena recorrer à história para aprender com seus exemplos, não sabemos nunca como uma determinada situação particular vai evoluir. No capítulo XXIX do segundo livro dos *Discursos*, nosso autor chega a dizer que a *fortuna* torna cegos os homens, para melhor executar seus desígnios.

Como devemos compreender essa força capaz de derrotar mesmo os melhores homens políticos? Maquiavel não sugere nem de longe que possamos conhecer seus desígnios. Da *fortuna* conhecemos apenas os efeitos e o fato de que pode sempre se manifestar, mas nunca suas vontades e o momento em que vai lançar seus fios. Por isso, afirma ele no capítulo referido acima: podemos "seguir seus fios, mas não destruí-los". Disso não decorre que devemos nos abandonar ao desespero e abdicar de conferir racionalidade às nossas ações. Como não sabemos os caminhos da deusa, também não podemos afirmar que daqui a pouco ela não nos será favorável. Dizer que a *fortuna* será sempre destrutiva corresponderia a afirmar que conhecemos suas tramas, o que não podemos fazer. Resta sempre uma esperança e ela deve nos conduzir a agir e a enfrentar os perigos que aparecem, exatamente porque nenhum cálculo racional será capaz de prever todos os movimentos que se seguirão ao aparecimento das garras da *fortuna*, inclusive aqueles que serão benéficos a nossos desejos.

A palavra esperança pode soar estranha no contexto de uma discussão sobre a contingência do mundo da política, mas ela é a ponte entre *virtù* e *fortuna*, fundamentais no pensamento de Maquiavel para se examinar a ação política. Prestando atenção aos muitos capítulos nos quais ele nos fala desses dois conceitos, acabamos convencidos de que a melhor maneira de compreendê-los é tomá-los sempre juntos, como um par inseparável. Olhar apenas para a *virtù* pode nos levar a acreditar que alguns atores políticos são tão poderosos que nunca serão derrotados. O exemplo de César Bórgia demonstra exatamente o contrário. Considerando apenas a força terrível da *fortuna*, seremos conduzidos à desesperança e ao fatalismo, que com muita freqüência ameaçam desestimular aqueles que tentam entender as coisas da política. Por isso são tão preciosos os conselhos de Maquiavel no capítulo XXV de *O Príncipe*, quando exorta os homens a construir barragens contra a fúria da *fortuna*, pois, diz ele, "penso poder ser verdade que a *fortuna* seja árbitra de metade de nossas ações, mas que, ainda assim, ela nos deixe governar quase a outra metade".

Uma moral para a política

De todas as questões tradicionais presentes nos escritos sobre a política na época de Maquiavel, aquela das virtudes necessárias a um bom governante era a mais importante. A partir do capítulo XV de *O Príncipe*, ele se esmera em retomar cada um dos problemas de um ponto de vista inovador. Os termos nos quais as questões são enunciadas respeitam integralmente a tradição. Trata-se por exemplo de saber se é melhor ser amado do que temido, qual animal deveria ser imitado pelos príncipes e assim por diante. Para o leitor, que se vê diante de um mundo que lhe parece familiar, Maquiavel adverte, no entanto, que para uma boa compreensão dos problemas enunciados é preciso antes se fiar na "verdade efetiva" das coisas e não perder tempo "imaginando repúblicas e monarquias que nunca existiram".

Com essas considerações, Maquiavel inicia uma maneira realista de pensar a política, que será sua marca registrada na história do pensamento político moderno. É claro que não podemos imaginar que ele foi o primeiro a pensar a política de maneira realista. A leitura do quinto livro da *Política* de Aristóteles nos mostra que o grande pensador grego sabia perfeitamente que algumas questões devem ser tratadas diretamente e não por meio de subterfúgios. Assim, Aristóteles não se furta a aconselhar aos tiranos como devem proceder para conservar o poder, mesmo se a tirania figurasse entre os regimes políticos pelo qual ele nutria um grande desprezo. Maquiavel retoma essa maneira de olhar a política de frente, mas acrescenta um dado essencial: a interrogação sobre a relação entre a ética e a política.

Desde a Antigüidade considerava-se que as duas disciplinas deveriam ser estudadas juntas. Aristóteles, por exemplo, não as confundia, mas acreditava que constituíam um campo de questões que guardavam relação profunda entre si. A felicidade aparece dessa maneira como um desiderato tanto para a ética quanto para a política. Se não havia correspondência absoluta entre os dois campos de problemas, eles se recobriam em vários pontos, permitindo ao estudioso da ética conclusões que deveriam ter validade também para a política. Se havia autonomia dos dois territórios, ela era bastante relativa. Essa maneira de considerar o problema da relação entre ética e política acabou gerando uma literatura que respeitava pouco as advertências de Aristóteles e levava a crer que os campos se recobriam inteiramente. Dessa forma, os autores dos espelhos dos príncipes faziam da reflexão ética o ponto fundamental de toda interrogação sobre a política. O governante teria êxito se conseguisse viver de acordo com as regras defendidas pela ética cristã. O bom governante era o governante ético por excelência.

Maquiavel foi muitas vezes criticado por ter supostamente afirmado que o governante pode fazer tudo o que for necessário para atingir o poder e para conservá-lo. Segundo essa leitura corrente de sua obra, o poder seria um fim em si mesmo, que não dependeria de nada além do desejo de conquistá-lo e da habilidade em mantê-lo para se legitimar. Essa maneira de ler sua obra, que perdura até hoje, constituiu a pedra de toque de um antimaquiavelismo que nunca deixou de acompanhar a difusão de seus escritos.

Um exemplo histórico interessante dessa corrente de interpretação é o livro *AntiMaquiavel*, do príncipe Frederico II, publicado em 1740 sob os auspícios de Voltaire. Escrito por um príncipe que no ano mesmo de sua publicação chegaria ao poder na Prússia, o livro não possui grande valor teórico, mas é uma boa fonte para se compreender a recepção negativa que a obra do secretário florentino suscitou, sobretudo os capítulos nos quais ele analisa a relação da ética com a política. Frederico II chega a dizer que trata-se de uma das obras mais perigosas que já foram difundidas e que mostra o que os príncipes fazem, e não o que deveriam fazer.

Ora, a questão de Maquiavel é justamente a de saber se o governante pode agir sempre em conformidade com os princípios éticos cristãos aceitos em seu tempo e esperar atingir seus objetivos, ou se deve aprender a seguir outros caminhos, quando confrontado com situações difíceis. Ele não aconselha aos governantes a desrespeitar as regras aceitas pelo mero prazer de fazê-lo. Ao contrário, diz explicitamente que devem se comportar de acordo com elas sempre que possível. O que ele deseja saber é se isso de fato é possível. Posto de uma outra forma, nosso autor quer saber se a ética é suficiente para nos mostrar como agir na política em todas as situações. A experiência de Savonarola, que era segundo ele um homem de fé verdadeira e devotado aos valores cristãos, mostrou-lhe que sua forma de agir o havia levado ao desastre. Todos os que se esquecerem da maneira como os homens agem em geral para se apegarem à forma como deveriam agir encontrarão um fim semelhante.

A interrogação de nosso autor não é, portanto, sobre os valores principais a serem respeitados e sobre seus fundamentos. O que lhe interessa de fato é como eles são vividos na esfera da política. Dessa maneira, ao que ele visa é construir um campo de reflexão que seja autônomo em relação à ética, mas não que a desconheça ou a despreze. O governante que levar seus súditos a acreditar nisso será ele mesmo a vítima de sua posição. A política é, assim, guindada a uma posição de destaque em sua obra, e tratada como um campo independente, que não pode ser analisado recorrendo-se ao aparato conceitual que até então servira para guiar os estudiosos do comportamento humano. Ética e política dissolvem seu casamento eterno, mas continuam a conviver na arena dos negócios humanos. Cabe ao príncipe saber escolher o que o fará atingir os objetivos a que se destinou, sabendo que caminhará para a ruína se continuar a agir apenas segundo os manuais de moral.

As análises de Maquiavel, longe de simplificarem o estudo da questão dos valores e da ação, tornam-no extremamente complexo. Um autor cristão, por exemplo, responderia sem hesitação que é melhor ser amado do que temido. No capítulo XVII de *O Príncipe*, ele analisa se é tão fácil assim responder a essa questão. Se os homens agissem de acordo com os mesmos princípios que esperam encontrar no príncipe, é certo que o amor seria um bem universal, desejável em todas as ocasiões. Como vimos, Maquiavel não acredita que os homens possam ser descritos em geral por sua propensão a amar o próximo. Dizer que é uma qualidade superior amar ao próximo não corresponde a afirmar que possamos nos comportar tomando como dado que todos desejam igualmente o amor em qualquer situação.

Se o governante não pode esperar dos homens um comportamento virtuoso constante, por que deveria exigir de si mesmo uma tal virtude? Maquiavel mostra então que o amor não é um sentimento que possa ser induzido pelo comportamento do outro. O temor, ao contrário, deriva no mais das vezes de condições bastante objetivas, que podem ser criadas pelo comportamento decidido do governante. Assim, embora fosse desejável ser amado e temido ao mesmo tempo, o que é extremamente raro, diante da necessidade de escolher, o temor é o melhor caminho para os que não querem perder o poder.

A análise do secretário florentino não se baseia, no entanto, apenas no mui natural desejo que experimentam os governantes de conservar seu poder. Embora não haja nada de errado nisso aos seus olhos, o fato é que a insistência em seguir preceitos e valores que condenam alguns vícios, como a crueldade, pode resultar no contrário. O governante que, como Cipião na Espanha, age mansamente com quem promove desordens e crimes poderá preservar a vida de bandidos, evitando a acusação de crueldade, e com isso levar à morte de cidadãos inocentes, o que poderia ser evitado caso a punição tivesse freado a continuação dos crimes. Da mesma maneira, o governante que for extremamente liberal com as finanças do Estado acabará por reduzir seus súditos à miséria, ou será obrigado a propor novos impostos, para cobrir gastos que não podem ser sustentados, quando a fonte dos recursos do Estado secar devido à grande liberalidade do governante para com os habitantes da cidade.

O que Maquiavel nos ensina é que no mundo da política a escolha entre vícios e virtudes se revela mais complexa do que quando levamos em consideração apenas nosso próprio comportamento individual. Um cidadão qualquer não terá que escolher entre valores contraditórios, para em seguida definir o curso privado de sua existência. Em geral, seus dilemas concernem apenas a ele e a seus próximos e, por isso, podem ser analisados a partir de um número muito menor de variáveis. O mesmo não acontece com quem se ocupa das coisas da política. Mesmo em pequenas cidades, como eram aquelas da Itália no tempo de Maquiavel, não há como conhecer a natureza de cada cidadão e agir em conformidade com isso. Os homens dissimulam com freqüência seus desejos, mas nunca agem contra seus interesses. Se o governante desconhece essa verdade, o que segundo nosso autor faz os homens "esquecerem mais rápido a morte do pai do que a perda do patrimônio", acaba se arruinando, tentando contentar a todos e evitando praticar atos que não podem ser aprovados pelos moralistas de todos os tempos.

O leitor de Maquiavel não deve, no entanto, esquecer o que dissemos antes, se não quiser ser tragado pela longa tradição de antimaquiavelismo que perdura até hoje: ao preferir o temor ao amor não se está escolhendo o caminho puro e simples da violência, mas sim evitando uma forma de agir que pode obrigar o governante a ser ainda mais violento, quando se vir diante da necessidade de garantir seus domínios. Um governo fraco pode ser muito mais nocivo do que um governo forte, se não souber administrar o uso da força. Ora, o que Maquiavel acredita de fato, e era com razão considerado subversivo em sua época, é que a religião cristã enfraquece os homens e os leva a agir de maneira cada vez mais errática, o que é uma fonte segura de sofrimento.

O que torna complexa a vida política é o fato de que ela existe num terreno no qual nem sempre as intenções de todos os atores são conhecidas ao mesmo tempo. A crença de que a natureza humana é transparente e pode ser compreendida em toda sua extensão não faz parte das reflexões de Maquiavel. Seria bom para um príncipe, diz ele no começo do capítulo XVIII do *Príncipe*, "manter sua palavra e viver com integridade e não com astúcia", mas a história ensina que os que acreditam nessa máxima acabam sendo destruídos. No entanto, não basta inverter a proposição para encontrar a verdade da política. Aquele que agir sempre de forma astuciosa e enganosa acabará sendo odiado e se tornará o alvo predileto de todos os ataques, uma presa fácil para os adversários, que não se cansarão de denunciar seus vícios e erros.

Essa maneira de ver o mundo dos homens levou Maquiavel a concluir que, se não podemos ser virtuosos o tempo todo, também não podemos deixar passar a idéia de que somos viciosos. Os homens não possuem um padrão seguro de julgamento. O que atribuímos a um governante é com freqüência fruto de uma mistura de nosso próprio desejo, do que nos dizem a respeito dos que ocupam o poder e do que o príncipe diz de si mesmo. Nesse sentido, se um príncipe não pode ter todas as qualidades, tais como a prudência, a fé verdadeira na religião, a bondade e a liberalidade, deve ao menos cuidar para que seus comandados acreditem que ele as possui. E mesmo se alguns perceberem que se trata de um embuste, nosso autor afirma que o príncipe encontrará sempre outros dispostos a serem enganados, pois "os homens são tão simples e obedecem tão bem às necessidades presentes, que aquele que engana encontra sempre quem se deixará enganar".

A distinção que Maquiavel nos ensina a perceber é aquela entre o "ser" e o "parecer". Gostaríamos que em todas as relações humanas não houvesse distância entre as duas coisas, mas não é isso o que acontece. A arena da política não é transparente e nem todos comparecem nela portando os mesmos desejos e defendendo os mesmos interesses. Isso faz com que não exista nunca apenas um ponto de vista sobre um determinado acontecimento, que seria o "ser" daquele evento. Dependendo da forma como observamos um ato, podemos ser induzidos a atribuir-lhe um significado que não teria se não tivéssemos, por exemplo, nossos interesses econômicos contrariados pelas ações do governante. Disso se beneficia o príncipe, para fingir virtudes que não possui, mas que saem de sua boca com tal naturalidade que muitos acabam dispostos a defendê-lo, quando é atacado por seus inimigos.

Mas é preciso que o governante não caia na armadilha oposta. Se, como mostra Maquiavel, não existe um "ser" da política, que desvele sempre em toda sua extensão o significado das ações humanas, também não podemos dizer que ele seja puro "parecer". As ações humanas produzem resultados, conferem poder a alguns e o retiram de outros; interesses são satisfeitos e outros, contrariados. Querer enganar a todos o tempo todo é um jogo perigoso, que acaba descontentando a um número excessivo de pessoas, as quais não deixarão de aproveitar a primeira oportunidade que tiverem para destruir o poder do governante que as oprime e engana. Se não é necessário ser amado verdadeiramente para governar, é preciso, segundo Maquiavel, fugir do ódio e do desprezo dos súditos.

De maneira geral, devemos considerar que o jogo político se faz com duas armas principais: as leis e a força. A primeira, diz Maquiavel no capítulo XVIII de *O Príncipe*, "é própria do homem, a segunda, das bestas; mas como a primeira, com muita freqüência, não é suficiente, convém recorrer à segunda". Dessa forma, o campo no qual a política se desenrola não é nunca governado por apenas um gênero de ação, ou por um conjunto universal de valores. Quem quiser governar com sucesso terá de se equilibrar entre o "ser" e o "parecer"; terá de respeitar as leis e os contratos, mas terá de recorrer à força, quando os mecanismos de persuasão derivados da aplicação da lei não se mostrarem suficientes.

A principal crítica de Maquivel à religião de seu tempo, e aos que pregavam a moral a cada ação do príncipe, não é a de que os valores são inúteis e que a religião nada significa para os homens. Ao contrário, ele não cessa de dizer que é importante para o príncipe encarnar algumas virtudes, ou parecer possuí-las. Mas os que se deixarem enganar por essa aparência serão tragados na disputa pela posse do poder. A ética tradicional possui um lugar importante na política, na medida em que ela conforma os julgamentos dos homens a respeito dos governantes; mas ela não serve, como queriam muitos, de guia universal para sua conduta. A política possui exigências que não podem ser satisfeitas por uma ética voltada à defesa de valores atemporais. Ela precisa, no entanto, de valores e pode encontrá-los em lugares diferentes daqueles ensinados pela religião. A vida das repúblicas gloriosas do passado é uma boa referência, segundo nosso autor, para os que querem olhar o problema da relação entre ética e política por um outro ângulo.

Maquiavel republicano

Durante sua vida Maquiavel nunca deixou de manifestar sua preferência pelo regime republicano. Essa confiança na superioridade das repúblicas sobre todas as outras formas de governo o levou em muitos momentos de sua obra a expressar claramente sua preferência, como quando declara no capítulo IX da terceira parte dos *Discursos* que "o que assegura às repúblicas mais vida e uma saúde mais vigorosa e mais duradoura do que aquela das monarquias é o fato de poder, dada a variedade e a diferença do gênio de seus cidadãos, se acomodar melhor e mais facilmente às mudanças do tempo do que aquele regime". Já em *O Príncipe*, ele havia advertido aos que querem conquistar novos domínios que as maiores dificuldades se encontram nas repúblicas, pois elas possuem "o refúgio, na rebelião, de sua liberdade e de suas antigas instituições; o que nem o passar do tempo nem as benfeitorias são capazes de apagar".

Sua posição política e sua dedicação à causa republicana não o impediram de ver que para o analista da política nem sempre é possível afirmar que a melhor escolha é aquela de um regime livre. Algumas ocasiões são tão desfavoráveis para os povos que a afirmação da preferência pela república pode soar como um desejo utópico, que Maquiavel tão fortemente condena em autores do passado e em muitos de seus contemporâneos. Como já vimos, o realismo é uma marca fundamental de seu pensamento.

Nosso autor não estava, no entanto, sozinho em sua crença na liberdade e na superioridade do governo livre sobre todos os outros. Desde o final da Idade Média a discussão sobre a natureza do regime republicano ganhava força na Itália, sobretudo nas cidades que de fato eram governadas segundo princípios que poderiam ser chamados de republicanos mas que estavam submetidas ao poder do Império, ou eram prisioneiras das vontades da Igreja católica. Florença já havia escolhido ser governada desde o final do século XIII por uma série de magistraturas e conselhos, que não admitiam a ingerência de poderes externos à cidade nas decisões que diziam respeito à vida de seus habitantes. A independência de fato não implicava, entretanto, que ela fosse admitida pelas forças que pretendiam ter o direito ao governo universal dos homens: o Império e a Igreja.

Ao longo do século XIV assistimos a um processo de discussões e debates que visavam tanto a negar a validade das pretensões das duas forças políticas universalistas mencionadas quanto a demonstrar a legitimidade das pretensões das cidades que escolhiam viver sob regimes republicanos. Os juristas foram os primeiros a abordar o problema da legitimidade dos governos independentes das pequenas cidades italianas, mas foi com Francesco Petrarca (1304-1374) que o humanismo, o mais importante movimento de idéias do Renascimento, ganhou força e se consolidou. Partindo do ideal de recuperação do passado greco-romano e do distanciamento das principais teses que haviam dominado o pensamento medieval, os humanistas iriam pouco a pouco forjando um novo conjunto de referências e de idéias, que constituiriam o solo fértil sobre o qual se erigiu a modernidade.

Enquanto movimento amplo, centrado na defesa do papel do homem no mundo e na recuperação das fontes literárias, históricas e filosóficas da Antigüidade, o humanismo teve um forte impacto em quase todas as áreas do conhecimento. Na pintura, escultura, poesia e filosofia, esse movimento forneceu aos artistas e intelectuais da época um novo paradigma, capaz de renovar e criar campos de saber e de expressão que não encontravam mais espaço no rígido universo medieval. Para nossos propósitos, no entanto, foi por meio da recuperação de uma série de valores ligados à vida na cidade que ele se afirmou como o grande opositor das concepções medievais sobre a política. Desde Agostinho os pensadores cristãos haviam se acostumado a colocar a política em um lugar inferior à vida contemplativa. Um bom cristão deveria viver entre homens e, por isso, tinha razões para se preocupar com a organização das sociedades. O objetivo principal da boa política era garantir a paz, pois só dessa maneira os que se dedicavam à contemplação, única atividade verdadeiramente superior, podiam esperar levar uma vida mais de acordo com suas aspirações. A ausência dessas condições, no entanto, não alterava a hierarquia das atividades humanas, uma vez que mesmo nas mais difíceis situações ainda era possível se entregar à busca de Deus e das verdades eternas.

À luz do que acabamos de dizer não é difícil compreender as dificuldades encontradas pelos primeiros humanistas para defender uma forma de vida diferente. A Idade Média havia produzido uma extensa literatura política, mas a havia considerado sempre uma atividade derivada. A tarefa principal dos pensadores, que buscavam suas referências em autores do passado como o historiador romano Tito Lívio, foi a de restituir dignidade à política. Tratava-se menos de recusar a contemplação como um caminho para a vida dos bons cristãos e mais de afirmar a importância do que chamariam de vida ativa.

Nessa trilha constituiu-se ao longo do século XV um movimento de idéias que muitos chamam de humanismo cívico, cujas preocupações principais estavam diretamente ligadas à vida política e à busca das melhores soluções para os problemas que afligiam os habitantes das pequenas cidades italianas. Podemos dizer que aí se encontram os precursores de Maquiavel em sua defesa do republicanismo. Coluccio Salutati (1331-1406), Leonardo Bruni (1370-1444), Poggio Bracciolini (1380-1459) e muitos outros desenvolveram uma concepção de vida dominada pelas questões relativas à participação dos cidadãos nos negócios de suas cidades e às virtudes necessárias para levar a cabo essa tarefa. No lugar de se ocuparem exclusivamente com a salvação da alma e com a vida futura, os humanistas acreditavam que os homens deveriam se preocupar com a escolha dos meios que lhes tornam possível viver melhor no tempo presente.

O foco de seus interesses era a idéia de liberdade. A seus olhos a tarefa principal do pensador político era mostrar as belezas associadas a esse ideal e como este podia ser desenvolvido integralmente na sua sociedade. Por essa razão, o conceito estava intimamente ligado àquele de independência. Nas circunstâncias da vida italiana do século XV, os humanistas acreditavam que nenhuma cidade podia se dizer livre se não pudesse governar seus interesses sem a interferência de outros povos ou instituições. Buscar o desligamento do domínio de muitos séculos da Igreja era uma tarefa essencial para a construção de uma república.

Para que a liberdade se transformasse em algo mais do que um sonho era necessário que os cidadãos adotassem um modelo de vida que os levasse a se interessar pelos negócios de sua cidade. Contra o modelo do cristão contemplativo, foi retomada a figura clássica do cidadão ativo voltado para os problemas de sua cidade. As recompensas futuras, prometidas para aqueles que levavam uma vida virtuosa, não foram desprezadas inteiramente (até porque os humanistas não abandonaram o cristianismo como religião), mas deixaram de ser algo desejado por todos para serem alocadas no universo exclusivo dos santos e bem-aventurados, que pouco ou nada podiam fazer pelas comunidades nas quais habitavam.

Maquiavel retomaria em suas obras muitas das preocupações partilhadas pelos humanistas, mas daria uma interpretação radical de seus conceitos, abandonando uma certa posição aristocrática, comum a muitos de seus predecessores, para defender o que poderíamos anacronicamente chamar de republicanismo popular. Isso fica explícito, por exemplo, no capítulo V do primeiro livro de seus *Discursos*, quando ele discute quem deve ser o responsável pela guarda da liberdade, ou pela conservação de suas instituições. Em momento algum ele diz que apenas o elemento popular pode ser responsável pelas garantias associadas à liberdade. Em muitas repúblicas são os membros da aristocracia os que estão encarregados da defesa do governo livre. O que argumenta Maquiavel, no entanto, é que os que são identificados com o elemento popular em uma república normalmente terão mais interesse em defender essa forma de governo, porque é nela que há mais garantias para seus direitos. Os aristocratas com muita freqüência — e a história de Florença era um exemplo claro disso — acreditam que seus interesses estão sendo violados por alguma medida popular e, por essa razão, podem mais facilmente conspirar contra a liberdade.

A posição de Maquiavel a favor do elemento popular não deve, entretanto, ser confundida com uma defesa irrestrita de seus valores a com a crença em uma pureza de sentimentos, que nunca abandonaria a causa da liberdade. Em vários momentos de sua obra ele mostra que o povo pode estar na origem da decadência das instituições republicanas e pode mesmo ser capaz de muitas crueldades. A ambição, traço normalmente associado aos detentores do poder e aos aristocratas, também atinge o povo e o leva a agir em contradição com o que havia sustentado em outras ocasiões. O argumento de Maquiavel é que, sendo a parte maior e com menor acesso à riqueza e à propriedade, e não desejando, segundo ele, ocupar o poder, mas sim se proteger dos abusos que podem ser cometidos pelos que o ocupam, o elemento popular tem mais interesses em defender um governo republicano e menos a ganhar com sua derrocada. Trata-se, na lógica do pensamento de nosso autor, de uma assimetria entre os elementos que compõem o corpo político. Ele acredita que os que normalmente possuem maior apego aos interesses comuns serão seus maiores defensores.

Maquiavel, ao mesmo tempo em que foi um herdeiro do humanismo cívico, foi um de seus críticos mais ferozes. À luz da história de Florença, ele procurou mostrar em vários momentos de sua obra que seus concidadãos eram pródigos em afirmar seu amor à liberdade, mas pouco faziam para defendê-la quando as instituições republicanas estavam em perigo. Para ele Roma fora a verdadeira república do passado e, embora não fosse o único modelo a ser seguido, fornecia o exemplo mais claro do que o povo pode alcançar quando decide tomar seu destino em mãos. Estudando a história da república mais gloriosa da história e comparando-a com as mazelas de seu tempo, ele encontrou o caminho para expor suas concepções originais sobre a política em geral e sobre as repúblicas em particular.

Liberdade e conflito

Desde o século XV a discussão sobre qual era a melhor forma de se proteger contra os inimigos externos fez parte dos debates dos humanistas sobre os meios mais eficazes para se construir uma república estável na Itália. Leonardo Bruni foi um dos que insistiram na idéia de que só com um exército de cidadãos era possível preservar a integridade das cidades em um cenário político extremamente volátil. Seguindo o exemplo de Roma, Bruni dizia que o engajamento do cidadão na defesa de sua pátria faz dele um cidadão integral, motivando-o ainda a se envolver com outros problemas do dia-a-dia de sua comunidade.

Maquiavel seguiu seus predecessores de forma radical, a ponto de organizar, como vimos, uma milícia florentina para fazer face aos perigos que rondavam a república. Sua idéia de criar um corpo militar próprio era acompanhada por uma concepção inovadora do que era um regime republicano. De fato não há como negar que ele adotou como ponto de partida para suas reflexões o que havia aprendido com os humanistas cívicos. Suas questões com freqüência ocupavam o centro dos debates, que se travavam no seio das instituições políticas de então. Suas soluções, no entanto, nada tinham de tradicional. Recorrendo à herança cultural florentina e fazendo uso de um vocabulário conhecido, ele foi o grande inovador do pensamento republicano no começo da modernidade. Assim como havia feito no *Príncipe*, ele renova nos *Discursos* a tradição republicana, servindo-se de seus conceitos e de sua linguagem.

Uma república é para nosso autor antes de mais nada um regime de leis, ou um regime constitucional como dizemos hoje. Nele a vontade de seus membros está sempre submetida à vontade de todos, expressa nas leis que são adotadas por ocasião da fundação do regime livre. O grande problema, entretanto, não está em descrever as repúblicas ideais, mas em encontrar os caminhos que levem a elas.

Maquiavel sempre recusou a prática freqüente de se legar à imaginação o privilégio da criação dos instrumentos apropriados para o desenvolvimento da vida política. Ainda que o governante deva fazer da inventividade uma ferramenta para se enfrentar a *fortuna*, não pode abdicar do conhecimento da realidade, se quiser sobreviver em um mundo atravessado por disputas e conflitos. Nesse sentido, amar a liberdade era algo necessário, mas fácil de ser alcançado. O difícil era agir em conformidade com esse amor, quando os tempos assim o exigiam. Os florentinos haviam sido capazes de copiar os romanos em seu apego às leis e aos debates constitucionais. Poucas cidades se empenhavam mais do que sua terra natal em debater sobre as melhores instituições para o governo dos homens. A dificuldade começava lá onde os antigos romanos haviam triunfado, no momento de garantir e defender a liberdade representada por uma série de instituições, quando elas corriam perigo.

Um exemplo do que Maquiavel queria dizer, retirado como de hábito de Tito Lívio, se encontra na descrição feita no capítulo II do segundo livro dos *Discursos* da resistência que os romanos enfrentaram para conquistar os pequenos povos vizinhos, acostumados a viver livremente. A razão para o comportamento deles era "a paixão que, nos tempos antigos, esses povos tinham pela liberdade". Esse apego, no entanto, nada tinha de idealista aos olhos de nosso autor: "Descobrimos facilmente de onde nasce essa paixão de um povo pela liberdade. A experiência prova que os povos só enriquecem e se tornam poderosos quando vivem sob um governo livre." Essa seqüência de argumentos termina com uma explicação ainda mais clara de onde se encontra o núcleo de um governo republicano: "É o bem comum e não o interesse particular que constitui a potência de um Estado, e sem contradição possível podemos dizer que encontramos o bem público somente nos governos republicanos."

As qualidades de uma república eram objeto de adoração não apenas dos povos antigos mas também dos italianos, que se sentiam os verdadeiros herdeiros dos romanos. Desde Petrarca a crença nos valores republicanos e nas formas institucionais, que faziam parte dos regimes livres, ganhou força a ponto de se transformar numa idéia dominante entre as classes dirigentes de várias cidades. As razões alegadas por Maquiavel para a defesa das repúblicas eram conhecidas e partilhadas por muitos e, talvez por isso mesmo, fosse tão importante rememorá-las. Sua originalidade, no entanto, se encontrava na maneira como acreditava que deviam ser postas em prática.

Em primeiro lugar cabe lembrar que o secretário florentino foi desde cedo um crítico feroz dos hábitos de seus contemporâneos e da retórica oficial. Longe de acreditar na imagem que os florentinos cultivavam de Florença, como a segunda Roma, ele preferia usar a comparação com a república da Antigüidade para apontar os defeitos de sua terra natal. No plano institucional, Maquiavel nunca se cansou de mostrar que os romanos conseguiram preservar a liberdade por mais de quatrocentos anos porque no lugar de simplesmente enaltecer o passado sabiam reproduzir as virtudes dos primeiros tempos. Assim, por exemplo, contra o costume florentino de sempre deixar para depois as decisões mais importantes, ele mostra que os romanos atacavam de frente as principais dificuldades, para evitar que seus inimigos e a deusa *fortuna* se servissem de suas hesitações para ganhar terreno.

Em segundo lugar cabe lembrar que, de acordo com o nosso autor, Roma soube encontrar um equilíbrio perfeito para satisfazer tanto os desejos dos mais poderosos quanto aqueles dos mais fracos e numerosos. Nesse particular, Maquiavel tinha uma concepção original da constituição do corpo político. Em geral, acreditamos que em todo Estado existe uma luta pelo poder e que cada grupo social compete para alcançar o topo da pirâmide política. Para ele não existe uma corrida de todos contra todos para se alcançar a posição mais elevada. Essa maneira de ver o problema pressupõe que cada um de nós aspira vencer a prova independente do lugar de nossa largada. Ora, para Maquiavel nem todos participam da corrida; e mais, nem todos desejam participar.

Comentando no capítulo IX de *O Príncipe* o caso daqueles que se transformam em governantes pelo favor popular ele diz: "Pois em toda cidade se encontram dois humores opostos. E isto decorre do fato de que o povo deseja não ser nem comandado nem oprimido pelos grandes e estes desejam governar e oprimir o povo." Os termos empregados por ele são voluntariamente abstratos, pois não visam a descrever grupos sociais definidos e sim a maneira como o corpo político é constituído. Do que foi dito decorre que a luta em torno do poder é infinita, uma vez que os grupos em conflito não querem alcançar o mesmo objetivo e por isso a satisfação de um é sempre a insatisfação do outro. A assimetria dos desejos nos permite compreender, segundo Maquiavel, por que não é possível sonhar com uma sociedade totalmente estável e imune ao tempo. Os homens estão sempre inquietos e dispostos a lutar por suas fantasias, pois "está em sua natureza querer e poder desejar tudo, mas a fortuna limita seus meios de conquistar, do que resulta um perpétuo descontentamento".

Se a natureza humana é governada por desejos insaciáveis e se o corpo político é composto por elementos (humores) que nunca podem se entender, é necessário pensar o papel dos conflitos que ocorrem em todas as sociedades. Desde a Idade Média acreditou-se que a melhor política era aquela que reduzia os conflitos. Uma sociedade boa seria capaz de viver em paz e permitir que os homens vivessem em paz. Para isso ocorrer, no entanto, era preciso imaginar que a natureza humana se identificasse inteiramente com esse desejo e se desenvolvesse plenamente apenas nessas condições. Mesmo os humanistas acreditaram que era esse o bom caminho da política e continuaram apostando que um bom termômetro para se medir o grau de sucesso de um governo era sua capacidade de evitar conflito entre os diversos participantes da vida da cidade.

Para Maquiavel esse era um desejo impossível. Assim, no lugar de criticar os conflitos, que de qualquer forma ocorrem, ele procurou ver em que circunstâncias eles poderiam ser positivos para o desenvolvimento das cidades. No capítulo IV dos *Discursos*, ele faz uma de suas afirmações mais ousadas. No lugar de elogiar a paz ele diz: "Eu sustento que aqueles que criticam as querelas do Senado e do povo (romano) condenam o que foi o fundamento de sua liberdade."

Deixando de lado séculos e mais séculos de defesa da paz como valor supremo da vida associativa, ele mostra que o melhor é esquecer esse projeto, que aliás nunca evitou os conflitos, e muito menos a guerra, e procurar entender o que está por trás da maioria das disputas humanas e como elas podem ser trazidas para o seio da vida política normal. Ou seja, se os conflitos são inevitáveis, e fazem parte da natureza dos homens, o importante não é suprimi-los, mas sim evitar que destruam a possibilidade da convivência entre os membros de uma mesma comunidade política. O que cabe, portanto, é buscar criar um conjunto de instituições que ofereçam uma arena na qual os embates ocorrerão. A calúnia, por exemplo, é um dos grandes perigos da vida pública. Ameaçando destruir carreiras e vocações, ela leva alguns a agir de forma violenta e desesperada, se não encontra meios de obter reparação. Ora, os homens não deixarão de caluniar, e por isso sonhar com uma sociedade na qual as relações mútuas serão cordiais é sonhar com um paraíso na Terra. É possível, entretanto, criar leis e instituições que permitam aos ofendidos e aos caluniadores disputar e chegar a um resultado que evite a guerra aberta entre cidadãos particulares.

À luz do que dissemos talvez fique mais fácil compreender por que um regime livre, uma república, é fundamentalmente um regime de leis. Para Maquiavel sua função primordial não é promover a educação dos cidadãos para a prática do bem, embora possa eventualmente servir para isso, mas sim canalizar os impulsos humanos para a busca da grandeza e da potência. Um regime livre pode apenas desejar se garantir contra seus vizinhos, como parece ter sido o caso de Veneza por muito tempo, mas terá realizado plenamente suas potencialidades apenas quando se mostrar capaz de garantir a expansão de sua potência.

Essa maneira de pensar o governo republicano pode nos levar a suspeitar que sua finalidade principal é a vitória na guerra e a expansão territorial. Maquiavel, de fato, foi um grande admirador das façanhas guerreiras da Roma antiga, elogiando ao longo de toda sua obra os grandes generais do período republicano, que souberam fazer de uma pequena vila uma potência mundial. Mas colocar a guerra no centro das preocupações com a política obscurece a preocupação muito maior de nosso autor com o impacto do tempo e da ação da *fortuna* na vida de todos os corpos políticos. Se a liberdade é o valor fundamental a ser defendido, seu efeito maior é o de fazer durarem as obras humanas, que estão sempre ameaçadas de serem destruídas pela natureza dos homens e pela passagem do tempo.

A morte do corpo político

Desde a Antigüidade os pensadores políticos demonstraram uma grande preocupação com a resistência dos corpos políticos à passagem do tempo. Para filósofos como Platão e Aristóteles os regimes políticos estavam submetidos às leis da natureza e, portanto, sujeitos à degradação, assim como os corpos que constituíam a esfera sublunar. Para entender essa colocação é preciso recordar que os gregos antigos viam o mundo como um corpo finito e limitado, circunscrito pela esfera dos corpos celestes que, só eles, podiam pretender durar para sempre. Embora não seja possível discorrer aqui mais longamente sobre a cosmologia grega e suas conseqüências para a filosofia, é fundamental reter a idéia de que era uma coisa absolutamente normal para os grandes pensadores olhar para as formas políticas como para entidades que seriam, mais cedo ou mais tarde, destruídas pela passagem do tempo.

A crença, portanto, na imortalidade dos deuses era completada por aquela na mortalidade de todas as coisas, que eram o produto direto dos esforços humanos para conservar a vida e suas obras. A imagem que melhor descrevia a passagem do tempo era a do círculo, que pela completude de sua forma indicava o caminho que seria seguido por tudo que não fosse imortal. Essa compreensão do funcionamento do cosmo não impedia os homens de desejar escapar ao círculo do tempo, tornando-se imortais, nem aos governantes de frear a destruição dos corpos políticos através de mecanismos institucionais. A grande incógnita sempre foi a de saber se de fato era possível obter sucesso nessa luta pela imortalidade.

No caso dos regimes políticos prevaleceu desde Platão a idéia de que eles existiam em um número finito e que a solução para o problema mencionado só podia ser buscada considerando-se como referência as formas conhecidas e estudadas pelos filósofos. Ainda que não houvesse concordância com relação ao número exato de regimes possíveis, todos estavam de acordo que seu número era finito e que algumas formas se repetiam em quase todos os lugares onde existiam comunidades políticas. Para tentar escapar dos efeitos do tempo imaginou-se então que a melhor via era a mistura de diversas formas políticas, a qual, na verdade, não deveria conter todas, mas apenas as que eram consideradas corretas. De uma maneira geral, a forma política que veio a ser conhecida como regime misto era composta de instituições derivadas da monarquia, da aristocracia e da democracia. A idéia era a de que cada um desses regimes isoladamente possuía virtudes e defeitos que os faziam ser afetados pelo passar do tempo e acabar sendo transformados em outro regime. Se o regime misto pudesse conter os princípios organizadores de cada uma das formas primárias de organização da vida política, continuaria a sofrer mudanças, mas elas seriam internas à sua própria constituição. Ou seja, se não havia como impedir a marcha circular do tempo, era possível preparar uma forma política que, ao obedecer ao ritmo natural das transformações, não seria destruída pelo surgimento em seu interior de uma forma contrária.

Essa teoria teve enorme sucesso e continuou a ser defendida mesmo durante a Idade Média, quando a monarquia se transformou no regime preferido pelo maior número de pensadores. No tempo de Maquiavel a idéia de encontrar um regime misto ainda gozava de grande prestígio. Os florentinos em particular gastavam horas e horas debatendo sobre os mecanismos mais adequados para se chegar à tão sonhada mistura, que daria estabilidade e durabilidade às formas políticas. No contexto conturbado da Itália de então esse desejo parecia uma quimera inalcançável, mas isso não impedia os homens políticos de continuar sua procura pela melhor forma de governo. Na verdade, Veneza parecia, aos olhos de muitos, realizar plenamente esse objetivo. Capaz de perdurar e conservar sua forma de governo por muito tempo, a cidade dos canais era a encarnação viva do regime misto.

Também nesse ponto Maquiavel foi herdeiro de seus predecessores. Ao falar sobre a marcha do tempo no começo dos *Discursos*, ele reafirmou a crença de que o tempo era circular e as formas políticas iam se revezando à medida que ele transcorria. No entanto, um olhar mais atento a seus textos parece mostrar que nosso autor considerava ingênua a confiança que seus contemporâneos depositavam, por exemplo, nas instituições de Veneza. Se não havia como negar que era uma cidade bem-sucedida na defesa de seu território e na manutenção de suas instituições, a maneira como sua vida política se estruturava implicava muitas limitações. A primeira e mais evidente, aos olhos de Maquiavel, era o fato de que Veneza era capaz de defender-se, mas não de expandir seus domínios. Ao contrário de Roma, ela estava condenada a seus limites e por isso corria o risco de se tornar presa de um inimigo mais forte. Não restavam dúvidas de que era uma cidade muito melhor ordenada do que Florença, mas isso não implicava que pudesse ser imitada como um modelo sem falhas.

Para Maquiavel, o fato mais relevante em suas observações sobre a marcha do tempo era o fato inevitável de que os regimes se corrompem. Assim, no lugar de se deixar embalar pelo sonho de um regime misto imortal, ele prestou atenção especial à decadência que atingia todas as formas de governo. Sua pergunta ainda ecoava a antiga preocupação com a conservação dos regimes, mas seu realismo o impedia de acreditar em soluções mecânicas para problemas que pareciam extremamente difíceis de serem resolvidos.

No capítulo XVII do primeiro livro dos *Discursos*, nosso autor faz uma afirmação surpreendente: "Deve-se aceitar como uma verdade demonstrada que um povo corrompido, que vive sob o jugo de um príncipe, não pode se tornar um povo livre, ainda que o príncipe e toda sua família sejam exterminados." Depois de todos os elogios à liberdade, que nos acostumamos a associar tanto aos humanistas quanto a Maquiavel, pode soar estranho que ele afirme que em certas situações o desejo, mesmo intenso, de recuperá-la não pode se realizar. Essa maneira de compreender o problema não implica negar o valor da liberdade e a superioridade do regime republicano, mas nos ajuda a ver quão preciosos são esses bens, quando ainda existem.

O ponto central da argumentação de Maquiavel é a afirmação da universalidade do fenômeno da corrupção. Interessado em escrever algo que pudesse ser útil para seus contemporâneos e para os amantes da liberdade, ele parece descobrir um obstáculo ainda maior do que o entrevisto no *Príncipe*, quando percebeu que nem todos os povos podem viver livremente. No tocante à corrupção sua constatação é ainda mais rigorosa, pois ele aparenta ter chegado a uma barreira que não pode ser transposta nem mesmo pelos mais hábeis atores políticos. A *virtù* encontra seus limites lá onde a corrupção alcançou um tal nível que seus efeitos se tornaram incontroláveis.

Maquiavel, no entanto, não desiste de investigar seu objeto e elege os povos mais corrompidos como exemplo, no capítulo seguinte ao citado, "a fim de observá-la [a corrupção] no ponto onde se encontram as maiores dificuldades". A primeira hipótese que levanta é justamente a de que um "homem extraordinário" será capaz de frear o processo de degenerescência do regime político. Depois de flertar com essa idéia, ele a descarta de maneira radical, afirmando: "Não existem nem leis, nem uma Constituição capaz de deter uma corrupção universal." Descartada a hipótese de um ator providencial, que pudesse recuperar sozinho a saúde de um corpo político, resta a regra prudencial segundo a qual a única coisa a ser feita é evitar que a corrupção se instale a tal ponto que toda ação se torna inútil. De alguma forma Maquiavel está concordando com alguns autores antigos, que afirmavam que a marcha do tempo era inexorável e não podia ser detida. Mas, nesse ponto, ele estava menos interessado em participar de um debate com os grandes pensadores da Antigüidade e mais ocupado em desfazer as ilusões de seus contemporâneos, para os quais a solução dos problemas de Florença dependia unicamente da escolha da boa constituição a ser adotada.

Os capítulos dedicados ao tema que estamos analisando estão entre os mais dramáticos dos *Discursos*. Maquiavel sabia que deixar o tempo passar, o que era uma prática comum na diplomacia e na política florentinas, era dar livre curso às forças que contribuíam para a destruição das cidades. No entanto, se esse fenômeno não podia ser detido quando já atingira o auge, também não ocorria do dia para a noite e sem o concurso da ação humana. Embora desde o historiador Políbio (203-120 a.C.), que tanta influência teve sobre os pensadores políticos do Renascimento, fosse comum atribuir à *fortuna* toda responsabilidade pelos progressos da corrupção, nosso autor sabia que a maior parcela de culpa era mesmo dos homens, que não conseguiam vencer suas próprias limitações. Por isso a teoria política era importante: para ajudar a discernir, no conjunto das ações que compõem a vida política cotidiana de um povo, aquelas que contribuem de forma decisiva para sua ruína. Se não podemos deter o tempo, podemos pelo menos retardar seus efeitos.

Maquiavel chega a sugerir que a análise do processo de corrupção pode nos indicar o caminho que, em teoria, deveria salvar os Estados da destruição: "Quando descobrimos que a Constituição de um Estado não serve mais, ela deve ser mudada, de um só golpe ou pouco a pouco." Ou seja, a observação atenta dos eventos e de suas conseqüências para a vida política permite-nos perceber a inadequação de um dado corpo de leis à situação real pela qual está passando um povo. Desse ponto de vista privilegiado é possível indicar a necessidade de mudança. Mas todo o otimismo sugerido por essas reflexões se esvai no mesmo capítulo XVIII, pois a conclusão de nosso autor não é ambígua: "Ora, um ou outro desses procedimentos é igualmente impossível de ser adotado." Dizendo de outra maneira, o secretário florentino sugere que é possível para um observador arguto deduzir o estado real de degenerescência do corpo político mas, assim como os médicos que detectam precocemente certas doenças incuráveis nada podem fazer para mudar o destino do paciente, os que descobrem o mal da corrupção não possuem as ferramentas para remediá-lo.

Embora possamos constatar um certo fatalismo no pensamento maquiaveliano, quando o tema é a corrupção, não podemos nos esquecer que ele concerne à marcha global do processo e não a todas suas etapas. Ou seja, ao longo da existência de um corpo político é possível tomar muitas medidas preventivas, que farão durar alguns Estados muito mais do que os outros. Além disso, é preciso não confundir as dificuldades quase intransponíveis que uma corrupção generalizada traz para a vida política com os responsáveis pelo desencadeamento do processo.

Estudando os costumes dos romanos, mas também aqueles de algumas cidades da Alemanha, Maquiavel chega a uma interessante constatação sobre um dos valores fundamentais da república: a igualdade. Com efeito, a probidade e o desejo de servir ao Estado parecem ser o ponto de união entre a república gloriosa do passado e alguns Estados de seu tempo. Contrariamente à França, à Espanha e à Itália, que ele reputa serem Estados corruptos, as pequenas repúblicas alemãs parecem conservar intactas algumas virtudes atribuídas aos povos que haviam conseguido resistir longamente aos ataques do tempo no passado. Como Maquiavel não acredita que os homens são virtuosos por natureza, bem ao contrário, é preciso compreender a igualdade como uma virtude pública, como um dado da organização do corpo político, que favorece e sustenta a integridade das instituições. Isso quer dizer que lá onde reina uma grande igualdade entre os homens é possível esperar uma maior resistência à passagem do tempo. Nos países e povos dominados por cidadãos que se distinguem por razões externas ao mérito, a corrupção encontra um terreno fértil para se desenvolver.

Os dois eixos centrais do regime republicano são para nosso autor a liberdade e a igualdade. Assim como a liberdade é defendida com mais afinco pelo povo, que possui maior interesse em mantê-la do que aqueles que o secretário florentino chama de "grandes", também a igualdade é um valor que encontra no elemento popular seu maior beneficiário. Nessa defesa do regime republicano popular como o melhor para resistir à corrupção não entra nenhuma razão de ordem sentimental. Maquiavel não considera o povo o elemento mais forte das repúblicas por causa de uma bondade inata, que não existiria nos que competem pelo poder. Na verdade essa observação é irrelevante para a compreensão do problema de que estamos tratando. A grande questão é que o povo, tendo pouco a perder, também não espera grandes ganhos com a mudança eventual do regime. Já os "grandes", ou os nobres nos Estados monárquicos, sonham com muitas vantagens pessoais auferidas com as mudanças das instituições e por isso contribuem com maior felicidade para os processos que acabaram representando a ruína de todos.

Dessa maneira de olhar o problema nosso autor retira um critério para se julgar o estágio de corrupção de um povo e a possibilidade de agir com alguma eficácia. No capítulo XVII dos *Discursos* ele afirma ser possível fazer alguma coisa se "o tronco ainda estiver sadio, quando a cabeça foi dele separada", aludindo com isso ao fato de que Roma soube evitar a corrupção, apesar de ter tido em seu começo alguns reis que tendiam a destruir todo o tecido social.

Não devemos, no entanto, reter da leitura das obras de nosso autor a idéia de que existe sempre um elemento popular bom oposto aos "grandes", que desejam apenas explorá-lo. Se ele nunca negou sua preferência pela forma republicana popular, se não cansou de mostrar que o povo tem menos interesse em destruir as instituições e por isso é um melhor defensor da liberdade e da igualdade, no capítulo XXXVII do primeiro livro dos *Discursos* ele evita conferir à sua posição um valor universal e abstrato. Analisando os efeitos da chamada lei agrária em Roma, que conferia ao povo uma parte das pilhagens de guerra, ele mostra como o desejo de adquirir mais bens levou a cidade às portas da guerra civil. Com o correr do tempo os costumes e virtudes, que garantiam a força da república romana, acabaram sendo destruídos, como conseqüência do próprio sucesso que fora garantido por essas qualidades. Livres dos perigos que ameaçavam a integridade da cidade e a vida dos cidadãos, cada um pôde dar livre curso aos seus desejos, e nesse momento as instituições primitivas se mostraram incapazes de frear a destruição dos antigos valores.

O que se pode reter dessa constatação da inexorabilidade da corrupção é que o único remédio que possui alguma eficácia é a constante volta aos valores que guiam a vida dos regimes livres. A fundação contínua, como chama nosso autor o processo de retorno ao "começo" das repúblicas, é uma forma de evitar que os povos se esqueçam de suas dificuldades iniciais, de seus desafios e da energia que foi necessária para vencê-los. Referindo-se aos corpos políticos, ele afirma no capítulo I do terceiro livro dos *Discursos*: "Existe ainda uma verdade mais clara do que o dia: que esses corpos devem morrer se não se renovarem. Ora, essa renovação só ocorre conduzindo-os a seus princípios."

Conclusão

Maquiavel viveu o bastante para ver a restauração do regime republicano em Florença em 1527. Com a Itália mais uma vez imersa no caos da guerra e da destruição, atravessada por exércitos estrangeiros que só queriam saquear e ocupar territórios, sua cidade natal conseguiu pela última vez em muito tempo se ver livre do domínio dos Médici e retornar às suas velhas instituições.

O secretário florentino nunca recuperou o prestígio de que gozou durante seus anos de juventude. Depois de ter escrito os *Discursos*, ele ainda se dedicaria a muitas obras. Em seu *A arte da guerra* inovou a leitura desse fenômeno universal aproximando-o da política e retirando-lhe o véu de mistério que parecia envolvê-lo aos olhos de muitos autores de seu tempo. Também no teatro Maquiavel iria alcançar o sucesso e mesmo algum reconhecimento de seus contemporâneos. Peças como *A mandrágora* revolucionaram a representação teatral de seu tempo e estão entre as grandes obras do gênero no Renascimento. Mas foi em uma obra histórica que ele teve a sensação de estar de volta à cena política que tanto amava. Encomendada pelo governo florentino, sua *História de Florença* [*Istorie fiorentine*] foi fruto de uma tarefa atribuída a muitos dos grandes chanceleres que no século XV haviam ocupado os mais altos cargos da república. Maquiavel se entregou a ela de corpo e alma, mesmo sabendo que ele não tinha a importância política dos que o haviam precedido no ofício. Quando entregou o trabalho pronto em 1525, no entanto, ele havia operado mais uma transformação radical no terreno da reflexão política. Baseando seus esforços em uma pesquisa de arquivo, pouco comum entre os historiadores do período, e deixando de lado a idéia de que a história serve antes de tudo para educar os homens, ele ofereceu uma leitura da vida de Florença à altura de seu realismo político.

É provável que com a restauração da república, em 1527, nosso autor esperasse ser lembrado para algum cargo no novo governo. Mais uma vez foi deixado de lado e amargou a certeza de que nunca voltaria ao centro da vida política de sua cidade. Em 21 de junho do mesmo ano faleceu, deixando para a posteridade uma obra que iria mudar para sempre a reflexão sobre a política.

Seleção de textos

Discursos sobre a primeira década de Tito Lívio (extratos)

Não quero deixar de discorrer sobre os tumultos que aconteceram em Roma da morte dos Tarquíneos até a criação dos Tribunos. Refutarei em seguida aqueles que acreditam que Roma foi uma república tão tumultuada e cheia de confusão que, sem o concurso de sua boa fortuna e de sua *virtù* militar, teria sido inferior a quase todas as repúblicas.

Não posso negar que a fortuna e o exército ajudaram a criar o Império Romano. Mas parece-me que devemos perceber que lá onde reina uma boa disciplina reina também uma boa ordem, e raramente não se segue daí também uma boa fortuna. Mas consideremos a esse respeito os detalhes. Sustento que aqueles que criticam os tumultos entre os Nobres e a Plebe condenam o que foi o princípio da liberdade romana; eles estão muito mais preocupados com os rumores e os gritos, que nasciam dos tumultos, do que com os bons efeitos que deles surgiam. Deixam de lado também o fato de que em toda república existem dois humores (partidos) diversos: aquele dos grandes e aquele do povo. Toda lei favorável à liberdade nasce de desunião entre os dois, como se pode ver em Roma, uma vez que dos

Tarquíneos até os Gracos, o que quer dizer mais de trezentos anos, os tumultos romanos raramente provocaram o exílio de cidadãos ou conflitos sangrentos. Nem se pode considerar esses tumultos com algo nocivo, e a república como um corpo dividido, se lembrarmos que apesar de suas diferenças internas não mandou para o exílio mais do que oito ou dez cidadãos, matou pouquíssimos e aplicou multas a um número reduzido. Nem se pode dizer que era uma república desordenada se levarmos em conta os muitos exemplos de *virtù*, uma vez que os bons exemplos nascem da boa educação, a boa educação das boas leis, e as boas leis dos tumultos, que inconsideradamente são criticados por alguns. Quem examinar com cuidado a finalidade destes, verá que não produziram nem exílio nem violência que tenha sido nociva ao bem comum, mas sim leis e ordens favoráveis à manutenção da liberdade pública.

Alguns dirão: mas que meios estranhos. O quê! Escutar continuamente os gritos do povo contra o Senado e o Senado declamando contra o povo. Ver o povo correr desordenadamente pelas ruas, fechar o comércio, e mesmo abandonar a cidade. Esses acontecimentos só atemorizam os que lêem sobre eles. Afirmo que todo Estado livre deve possuir os meios que tornem possível para o povo desafogar suas ambições, sobretudo naqueles que dependem de sua força. Esse foi o meio empregado por Roma. Quando o povo desejava ver uma lei aprovada, ou recorria a algum dos métodos citados, ou se recusava a partir para a guerra, de tal maneira que o Senado era obrigado de alguma forma a satisfazê-lo.

Raramente os desejos de um povo livre são perniciosos para a liberdade, porque nascem ou do fato de serem oprimidos, ou da suspeita de que poderão vir a sê-lo. Se esses temores são infundados, ele tem o recurso das assembléias, nas quais a simples eloqüência de um homem é capaz de mostrar-lhe o engano. Os povos, como disse Cícero, são ignorantes, mas capazes de apreciar a verdade e a aceitam facilmente, quando ela lhes é apresentada por um homem digno de confiança.

Devemos pois criticar moderadamente o governo romano e considerar que os bons efeitos que nasciam naquela república eram causados por ótimas razões. Se os tumultos de Roma provocaram a criação dos Tribunos não podemos fazer outra coisa do que elogiá-los. Além de dar ao povo a possibilidade de participar da administração pública, permitiram estabelecê-lo como guardião seguro para a liberdade, como será demonstrado no capítulo seguinte.

Livro I, capítulo IV. Que a desunião da Plebe e do Senado romano tornou aquela república livre e potente

Todos os homens elogiam o passado, criticam o presente e tudo isso freqüentemente sem razão. Eles são de tal maneira partidários do que existiu em outros tempos, que não somente elogiam esses tempos, que só conhecem pelos registros deixados pelos escritores, mas também aquelas coisas que viram quando ainda eram jovens. Sua opinião é freqüentemente errada. Eis, acredito eu, as principais causas desse engano.

A primeira causa é que não conhecemos a verdade inteira do passado. Escondemos com freqüência as coisas que seriam desonrosas para aquelas épocas. Quanto às coisas que poderiam glorificar-lhes, são amplificadas ao máximo. Isso porque a maioria dos escritores obedece à fortuna dos vencedores e, para aumentar seus triunfos, chegam mesmo a exagerar as virtudes dos inimigos, de sorte que os descendentes de uns e de outros não podem deixar de admirar aqueles homens e aqueles tempos e são forçados a elogiá-los e a amá-los.

A segunda razão é que os homens não odeiam senão por medo ou por inveja. Esses dois poderosos motivos não existem mais, para nós, nas coisas do passado e, por isso, não encontramos razões nem para odiá-los nem para invejá-los. O mesmo não se pode dizer dos acontecimentos dos quais participamos ou que ocorrem próximos a nós. O conhecimento que temos deles é inteiro, nada nos escapa. O que nos agrada no presente está de tal forma misturado com coisas que nos desagradam que é forçoso julgá-los inferiores aos eventos do passado, ainda que muitas vezes o presente mereça muito mais elogios e admiração. Deixando de lado os feitos artísticos, cujo brilho depende tão diretamente deles mesmos, que os tempos podem influenciar pouco sobre a impressão que causam, falemos dos acontecimentos, que dizem respeito à vida e aos costumes dos homens, dos quais não possuímos um juízo tão claro.

Repito pois que é uma coisa normal o hábito de elogiar o passado e denegrir o presente, mas não é verdade que nos enganemos sempre. De fato, é necessário que algumas vezes nossos julgamentos estejam de acordo com a verdade, pois as coisas humanas estão sempre em movimento, o que faz com que ora se elevem, ora sejam rebaixadas. Vemos, por exemplo, uma cidade ser ordenada por um legislador hábil, cujo talento a conduz continuamente a melhorar sua condição. Quem nasce em tal Estado nesse momento e elogia o passado mais do que o presente, pelas razões às quais aludimos acima, se engana. Mas os que nascem nessa cidade ou província, quando já é chegado o tempo de sua decadência, não se enganam em seus juízos. E pensando eu como essas coisas ocorrem, julgo que o mundo permanece o mesmo, que nele existe sempre a mesma quantidade de bem e de mal. Mas o bem e o mal mudam de lugar em lugar, como se vê pelas histórias dos reinos antigos, que mudavam de um pólo a outro segundo a variação dos costumes. O mundo, no entanto, permanecia inalterado. Havia somente uma diferença: se antes havia alocado a *virtù* na Assíria, depois ela foi mudada para a Média, depois para a Pérsia e finalmente para a Itália e para Roma. E, se depois da queda do Império Romano não vimos toda a *virtù* se concentrar em apenas um lugar, assistimos a sua dispersão por várias nações. Esse foi o caso do reino dos Francos, do reino dos Turcos, do sultão do Egito e hoje dos povos da Alemanha, antes dos quais os sarracenos, que fizeram grandes coisas e conquistaram o Império Romano do Oriente. Em todas as províncias que ocuparam o lugar dos romanos, depois que eles foram destruídos, se concentrou e se encontra ainda aquela *virtù*, que tanto desejamos e elogiamos. Os que nascem nelas e fazem o elogio do passado podem estar enganados, mas quem nasce na Itália ou na Grécia, e não tenha se transformado em "ultramontano" na Itália ou turco na Grécia, tem razão para criticar o tempo presente e de elogiar o passado. Os séculos passados lhes oferecem matéria para admiração e aquele no qual vivemos, nada que compense a miséria, a infâmia de um século no qual não existe religião, nem leis, nem disciplina militar e no qual reinam vícios de toda espécie. Esses vícios são tão mais detestáveis que eles se encontram sobretudo naqueles que presidem os tribunais, comandam a todos e querem ser adorados.

Mas voltando a nosso assunto, digo que se o juízo humano é ruim para julgar qual é o melhor século, o atual ou os passados, pois não pode ter um conhecimento perfeito de um e dos outros, os velhos deveriam ser capazes de julgar os acontecimentos que viveram em sua juventude e os que viveram na velhice, uma vez que foram testemunhas diretas de ambos. Isso seria verdadeiro se os homens fossem capazes de julgar da mesma maneira ao longo de suas vidas, se fossem afetados pelas paixões da mesma maneira. Mas, ainda que os tempos não mudem realmente, não parecem ser os mesmos para homens que possuem outras paixões, outros gostos e que os vêem de outra forma. Porque, faltando aos homens força quando envelhecem e tendo crescido em prudência e juízo, é normal que aquelas coisas que eram suportáveis na juventude se tornem insuportáveis e ruins com o passar dos anos. No lugar de acusar a mudança em nosso julgamento, acusamos os tempos. Além do mais, está na natureza dos homens desejar tudo, mas a fortuna lhes permite alcançar muito pouco, do que resulta uma constante insatisfação e um cansaço das coisas que possuem, o que os leva a criticar o presente, elogiar o passado e desejar o futuro, ainda que não tenham para isso nenhuma boa razão.

Não sei se não mereço ser colocado entre os que se enganam ao elogiar nesses discursos os antigos romanos de forma tão veemente e censurar os tempos em que vivemos. Na verdade, se a *virtù* de então e os vícios de hoje não fossem tão claros quanto o sol que nos ilumina, eu seria mais contido ao me expressar, temendo cair no erro que critico nos outros. Mas sendo as coisas tão manifestas que todos podem vê-las, me animo em dizer explicitamente o que pretendo a respeito tanto dos tempos antigos quanto do nosso, de tal forma que os jovens que por ventura lerem esses escritos possam se animar a imitar o passado e a fugir do presente, sempre que a fortuna lhes permitir fazer. É dever de um homem honesto que, devido aos infortúnios do tempo e da fortuna, não pode fazer o bem ele mesmo de ensinar aos outros as lições que aprendeu. Talvez, entre os que serão instruídos por ele, se encontre alguém que, favorecido pelos céus, possa realizar o bem.

Falamos no livro precedente da conduta dos romanos em seus negócios internos. Nesse trataremos do que fizeram para favorecer o crescimento exterior de seus domínios.

Livro II, Introdução

Cronologia

1469 Maquiavel nasce no dia 3 de maio.
Morre Piero de Médici.

1476 Maquiavel vai pela primeira vez à escola, na qual estudará os rudimentos de gramática latina.

1478 Conspiração dos Pazzi na catedral de Florença, durante a qual Jiuliano de Médici é assassinado.

1482 Savonarola se transfere para o Convento de São Marcos, onde começa sua pregação.

1494 As tropas de Carlos VIII da França invadem a Itália, ameaçando Florença.
Instauração do governo republicano em Florença, sob a inspiração de Savonarola.

1498 Savonarola é executado em praça pública.
Maquiavel é nomeado segundo secretário da chancelaria de Florença.

1499 Vai para sua primeira missão na Romanha.

1500 Maquiavel é enviado para defender os negócios florentinos junto ao rei francês.
Começo da guerra de Pisa.

1501 Casa-se com Marietta Corsini.

1502 Piero Soderini é nomeado *gonfaloniere* de Florença. Maquiavel é enviado para uma legação junto a César Bórgia.

1510 Arquiteta a aproximação entre a França e Florença, por temer a força do papa.

1512 Cai a República Florentina. A milícia de Maquiavel não resiste ao cerco da cidade pelos espanhóis. Maquiavel perde todas suas funções junto ao Estado florentino.

1513 Prisão de Maquiavel, acusado de conspiração. Inicia a redação dos *Discursos sobre a primeira década de Tito Lívio*. Escreve sua obra mais famosa: *O Príncipe*.

1516 Maquiavel dedica O *Príncipe* a Lourenço de Médici, novo homem forte de Florença.

1517 Diante de uma platéia seleta, Maquiavel lê algumas passagens de seus *Discursos* para os freqüentadores dos Orti Oricellari.

1518 Escreve *A mandrágora*.

1519 Maquiavel escreve *A arte da guerra*. Morre Lourenço de Médici.

1520 Os governantes de Florença encomendam a Maquiavel a *História de Florença*.

1522 Descoberta em Florença a conspiração para matar Júlio de Médici. Alguns amigos de Maquiavel estão implicados, mas ele não é inquietado.

1525 Maquiavel termina a redação da *História de Florença*.

1527 Roma é saqueada pelas tropas espanholas.
A república é restaurada em Florença.
Maquiavel morre no dia 21 de junho, amargando a decepção de ter sido esquecido na constituição do novo governo republicano em sua cidade.

Referências e fontes

Todas as traduções apresentadas ao longo do texto foram feitas por mim diretamente do italiano a partir da seguinte edição: Niccolò Machiavelli, *Opere* (Milão, Riccardo Ricciardi, 1954).

- Do *Discurso sobre a primeira década de Tito Lívio* estão citados: Parte II, introdução (p.19); Parte III, cap.I (p.23); Parte III, cap.IX (p.25, 37); Livro II, cap.XXIX (p.27); Livro I, cap.V (p.42); Livro II, cap.II (p.46); cap.IV (p.49); Livro I, cap.XVII (p.55); Livro I, cap.XVIII (p.56, 57); cap.XVII (p.60); Livro I, cap.XXXVII (p.61); Livro III, cap.I (p.61);

- De *O Príncipe* estão citados: cap.XXV (p.28); cap.XVIII (p.35, 37); cap.IX (p.48); e referido o cap.XVII (p.32), a respeito da questão entre ser amado ou temido.

Leituras recomendadas

• Existem muitas traduções de O *Príncipe* em português. A de Lívio Xavier (São Paulo: Abril Cultural, 1979) é correta e possui a vantagem de vir acompanhada de outros textos políticos. Os *Discursos* foram traduzidos para o português apenas uma vez, como *Comentários sobre a primeira década de Tito Lívio,* (Brasília: UnB, 1982). Infelizmente a tradução não é muito fiel ao original, o que retira muito do prazer da leitura. Para os que querem tomar contato com o Maquiavel historiador existe uma boa tradução de suas *Histórias Florentinas.* (São Paulo, Musa, 1998).

• Os que se interessam pela vida do autor podem recorrer a uma boa biografia: *O sorriso de Nicolau. História de Maquiavel* de Maurício Viroli. (São Paulo, Estação Liberdade, 2002). Podemos contar também com a biografia mais famosa do autor: *Biografia de Maquiavel*, de Roberto Ridolfi (São Paulo, Musa, 2003).

• Para aprofundar alguns dos temas abordados neste livro sugiro a leitura dos seguintes textos:
Newton Bignotto, *Maquiavel republicano* (São Paulo, Loyola, 1991); Quentin Skinner, *Maquiavel* (São Paulo, Brasiliense, 1987) e *As fundações do pensamento político moderno*

(São Paulo, Companhia das Letras, 1996); e Sebastian de Grazia, *Maquiavel no inferno* (São Paulo, Companhia das Letras, 1993).

Sobre o autor

Newton Bignotto bacharelou-se em filosofia pela Universidade Federal de Minas Gerais (UFMG) onde também obteve o título de mestre em filosofia. Em 1989, recebeu o título de doutor em filosofia pela École des Hautes Études en Sciences Sociales, de Paris, França, com uma tese sobre Maquiavel. É professor de filosofia política e de história da filosofia do Renascimento do Departamento de Filosofia da UFMG. Além de artigos, ensaios e capítulos, publicou os livros *Maquiavel republicano* (Loyola, 1991), *O tirano e a cidade* (Discurso Editorial, 1998) e *Origens do republicanismo moderno* (Ed. da UFMG, 2002), e organizou *Pensar a República* (Ed. da UFMG, 2000) e *Hannah Arendt. Diálogos, reflexões, memórias* (Ed. da UFMG, 2001).

Coleção **PASSO-A-PASSO**

Volumes recentes:

CIÊNCIAS SOCIAIS PASSO-A-PASSO

O negócio do social [40], Joana Angélica Barbosa Garcia

Origens da linguagem [41], Bruna Franchetto e Yonne Leite

Antropologia da criança [57], Clarice Cohn

Patrimônio histórico e cultural [66], Pedro Paulo Funari e Sandra de Cássia Araújo Pelegrini

Antropologia e imagem [68], Andréa Barbosa e Edgar T. da Cunha

Antropologia da política [79], Karina Kuschnir

Sociabilidade urbana [80], Heitor Frúgoli Jr.

Pesquisando em arquivos [82], Celso Castro

Cinema, televisão e história [86], Mônica Almeida Kornis

FILOSOFIA PASSO-A-PASSO

Estética [63], Kathrin H. Rosenfield

Filosofia da natureza [67], Márcia Gonçalves

Hume [69], Leonardo S. Porto

Hannah Arendt [73], Adriano Correia

Schelling [74], Leonardo Alves Vieira

Niilismo [77], Rossano Pecoraro

Kierkegaard [78], Jorge Miranda de Almeida e Alvaro L.M. Valls

Filosofia da biologia [81], Karla Chediak

Ontologia [83], Susana de Castro

John Stuart Mill & a liberdade [84], Mauro Cardoso Simões

Filosofia da história [88], Rossano Pecoraro

Teoria do conhecimento [91], Alberto Oliva

PSICANÁLISE PASSO-A-PASSO

Psicanálise com crianças [75], Teresinha Costa

Feminino/masculino [76], Maria Cristina Poli

Cinema, imagem e psicanálise [85], Tania Rivera

Trauma [87], Ana Maria Rudge

Édipo [89], Teresinha Costa

A psicose [90], Andréa M.C. Guerra

A angústia [92], Sonia Leite

Educação e psicanálise [93], Rinaldo Voltolini

Os outros em Lacan [94], Antonio Quinet

A paixão [95], Marcus André Vieira

Histeria: o caso Dora [96], Nadiá Paulo Ferreira e Marcus Alexandre Motta